UNIVERSITÉ DE FRANCE — ACADÉMIE DE TOULOUSE

RAPPORT

DU

DOYEN DE LA FACULTÉ DE DROIT

AU

CONSEIL GÉNÉRAL DES FACULTÉS

Décembre 1886

TOULOUSE

IMPRIMERIE A. CHAUVIN ET FILS

28, RUE DES SALENQUES, 28

1886

RAPPORT

Présenté par M. BONFILS, Doyen de la Faculté
de Droit, au Conseil général des Facultés
de l'Académie de Toulouse, le 17 décembre 1886.

MONSIEUR LE RECTEUR, MESSIEURS,

Le rapport que le doyen d'une Faculté doit vous présenter chaque année est destiné à vous faire connaître la situation de cette Faculté et les améliorations qui pourraient
y être introduites (Décret du 28 déc. 1885, art. 29). Vous
me permettrez de garder actuellement le silence sur ce dernier point. Les améliorations souhaitées par la Faculté de
Droit sont plutôt d'intérêt général que d'intérêt particulier :
elles concernent l'enseignement de toutes les écoles de même
ordre et quelques-unes, comme la création de cours nouveaux de *Droit international public* et de *science financière*,
viendraient se heurter en ce moment à des difficultés budgé-
taires qui les feraient repousser. Malgré l'évidente nécessité
de ces enseignements, nous nous résignons à ne pas les ré-
clamer.

Je dois me contenter de vous exposer la situation de la
Faculté de Droit telle qu'elle résulte des statistiques relatives à nos élèves, à leurs études et à leurs épreuves.

Examinons ces diverses sources d'informations. Mais c'est
pour la première fois que le Conseil général des Facultés
est appelé à connaître de la situation spéciale de chaque Faculté. Donner seulement le relevé de la dernière année sco-

laire nous a paru insuffisant. La physionomie de la Faculté de droit sera reproduite avec plus d'exactitude devant les membres du Conseil, en leur présentant la statistique comparée des cinq dernières années.

ETUDIANTS INSCRITS. — Nous désignons par cette dénomination les jeunes gens qui ont pris sur les registres de la Faculté une ou plusieurs inscriptions de capacité, de baccalauréat, de licence ou de doctorat, non encore atteintes par la péremption. Ils sont *en cours d'études*. Ils ne cessent de nous appartenir que par la conquête d'un diplôme, la péremption de leurs inscriptions ou la translation dans une autre Faculté. Le nombre de ces étudiants n'est donc pas invariable pendant toute une année scolaire. Il se modifie plus ou moins sensiblement à chaque trimestre. Chaque année nous offre un maximum, un minimum et une moyenne. — Si nous comparons les *moyennes* des cinq dernières années, nous constatons un abaissement, de 1882-83 à 1884-85, et un relèvement en 1885-86.

Année 1881-82. 804
— 1882-83. 816
— 1883-84. 792
— 1884-85. 751
— 1885-86. 779

Constatons en passant que toutes ces moyennes sont supérieures à 700 et que le minimum le plus bas n'est pas descendu à ce chiffre (708 en 1885).

De quels éléments se compose cette population scolaire? Sur quelles catégories d'élèves portent les diminutions ou les augmentations?

Le nombre des aspirants au brevet de capacité tombe de 119 en 1882 à 88 en 1883 et se relève graduellement à 115 en 1886.

Les étudiants de première année montent de 251 (en 1882) à 313 (1883), redescendent à 279 (1885) et remontent à 300 (1886). En deuxième année, le nombre des élèves descend par dégradations successives de 168 (1882) à 130 (1886) avec une perte totale 38 élèves. La troisième année monte de 82 (1882) à 131 (1884) pour redescendre à 109 (1886) avec une perte de 22 étudiants. Les aspirant au doctorat fléchissent de 184 (1882) à 117 (1885) et regagnent 125 (1886).

Donc trois catégories d'élèves ont subi des diminutions, les 2ᵉ, 3ᵉ et 4ᵉ années. Il y a augmentation des capacitaires : la première année retrouve presque, en 1886, le nombre de l'année 1883.

Ces variations se reproduiront-elles dans le même ordre pour les inscriptions et pour les examens ? Y aura-t-il concordance approximative ou différence sensible ? Nous le saurons bientôt.

INSCRIPTIONS. — Faut-il multiplier par quatre les nombres ci-dessus pour obtenir ceux des inscriptions prises chaque année ? Assurément non et pour trois causes : 1° Parmi ces étudiants, plusieurs ne peuvent prendre d'inscriptions nouvelles dans le cours d'une année scolaire : les uns sont sous les drapeaux en qualité de volontaires d'un an ; les autres n'ont pas subi l'examen de fin d'année ou y ont échoué et recommencent leur année d'études ; 2° les aspirants au doctorat répartissent sur deux ou trois années de travail leurs quatre inscriptions réglementaires ; 3° un certain nombre d'étudiants négligent de s'inscrire avec régularité et mettent deux ans, par exemple, à acquérir quatre inscriptions, sans que nous ayons aucun moyen de les contraindre à être réguliers.

Les totaux des inscriptions prises chaque année sont donc bien plus faibles qu'ils ne paraîtraient devoir l'être. Nous relevons :

En 1881-82, 1,611 inscriptions.
— 1882-83, 1,628 inscriptions prises par 476 élèves sur 816
— 1883-84, 1,638 — prises par 488 élèves sur 792
— 1884-85, 1,593 — prises par 473 élèves sur 751
— 1885-86, 1,536 — prises par 459 élèves sur 779

Le nombre s'élève graduellement de 1882 à 1884, année
où il atteint le maximum, et s'abaisse, de 1884 à 1886, avec
une perte de 98 inscriptions entre l'une et l'autre de ces
années.

Il n'y a pas concordance entre les oscillations du nombre
des inscriptions et celles du nombre des élèves en cours
d'études. L'année 1883 nous offre le maximum des inscrits
et c'est l'année 1884 qui a le plus d'inscriptions. En outre le
nombre des étudiants inscrits s'augmente de 28 de 1885 à
1886 (751 et 779), tandis que celui des inscriptions diminue
de 57 (1593-1536).

Dans quelle catégorie les inscriptions sont-elles en baisse
ou en hausse? Les inscriptions de capacité, après avoir
quelque peu fléchi en 1883, montent de 117 à 163 entre les
années 1882 et 1886 ; accroissement qui correspond à celui
des étudiants de cette catégorie. En première année, les
inscriptions vont sans cesse en diminuant et descendent de
623 (1882) à 575 (1886) : symptôme dont la fâcheuse appa-
rence est heureusement détruite par le relevé des examens.
Cette diminution dans les inscriptions ne concorde du reste
nullement avec les données relatives aux élèves en cours
d'études. Il y avait en 1882 49 étudiants de moins qu'en
1886 (251-300) et il y a eu 48 inscriptions de plus. On relève 21 étudiants de plus en 1886 qu'en 1885, et 12 inscriptions en moins. Ce défaut de concordance indique seulement
une plus grande irrégularité pendant l'année 1886 qu'en 1882
ou 1885.

En deuxième année, les inscriptions passent de 408 (1882)
à 372 (1886) après avoir baissé jusqu'à 361, en 1885.

Pour la troisième année, les inscriptions montent d'abord
de 367 (1882) à 408 (1884) et fléchissent à 326 (1886).

En doctorat, nous trouvons 96 inscriptions en 1882,
130 en 1883, 91 en 1884, 115 en 1885 et 100 en 1886 ;
alternances de hausse et de baisse quant aux inscriptions, tandis que le nombre des aspirants au doctorat

est descendu de 184 (1882) à 125 (1886) et à 117 (1885) (1).

Ce relevé laisse l'impression suivante : le nombre des capacitaires augmente ; celui des aspirants au baccalauréat et à la licence tend à baisser, après s'être élevé de 1882 à 1884 ; celui des docteurs subit des variations presque régulières qui n'impliquent ni perte, ni gain.

Mais nous devons demander à la statistique des inscriptions d'autres indications. Nous disions, il n'y a qu'un instant, que tous les étudiants en cours d'études ne pouvaient, chaque année, prendre des inscriptions et que quelques autres, quoique le pouvant, n'acquéraient pas les quatre réglementaires. En se plaçant ainsi au point de vue de la régularité des études, nous constatons que les élèves ayant omis de prendre des inscriptions sont, par rapport aux élèves *en cours d'études*, dans les proportions suivantes :

Capacitaires. . . . . . de 50 à 55 p. %
En 1re année. . . . . . de 44 à 51 p. %
En 2e année. . . . . . de 23 à 33 p. %
En 3e année. . . . . . de 12 à 19 p. %
En 4e année. . . . . . de 49 à 61 p. % (2).

(1) Répartition des inscriptions par années d'études :

ANNÉES	CAPACITÉ.	1re ANNÉE.	2e ANNÉE.	3e ANNÉE.	4e ANNÉE.	TOTAUX.
1881-82.	117	623	408	367	96	1611
1882-83.	107	598	416	377	130	1628
1883-84.	143	581	415	408	91	1638
1884-85.	140	587	361	390	115	1593
1885-86.	163	575	372	326	100	1536

(2) Elèves ayant omis d'acquérir des inscriptions :

ANNÉES	CAPACITÉ.	1re ANNÉE.	2e ANNÉE.	3e ANNÉE.	4e ANNÉE.	TOTAUX.
1882-83.	26	161	55	22	69	333
1883-84.	44	135	32	22	74	307
1884-85.	47	109	33	16	73	278
1885-86.	65	132	31	13	77	318

Les étndiants réguliers qui ont pris *quatre* inscriptions représentent :

Pour les capacitaires. . . .	de 22 à 24 p. %
En 1re année.	de 34 à 37 p. %
En 2e année.	de 56 à 60 p. %
En 3e année.	de 66 à 75 p. %

Enfin, les irréguliers, qui ont acquis, par an, une, deux ou trois inscriptions seulement, donnent :

Pour les capacitaires. . . .	de 23 à 26 p. %
En 1re année.	de 15 à 19 p. %
En 2e année.	de 11 à 17 p. %
En 3e année.	de 13 à 15 p. %

Conclusion : Au point de vue de l'acquisition des inscriptions, sont en état d'irrégularité les 3/4 des capacitaires; les 3/5 des étudiants de première année ; les 2/5 des élèves de 2e année et le 1/4 des étudiants de licence.

EXAMENS. — Les examens subis par les étudiants de la Faculté de l'Etat ont été au nombre de :

767 en 1881-82
726 en 1882-83
755 en 1883-84
749 en 1884-85
735 en 1885-86

Trente-deux examens de moins en 1886 qu'en 1882, mais neuf de plus qu'en 1883. Le total des épreuves annuelles est toujours supérieur à 725 sans dépasser 770.

Mais ce n'est là qu'un résultat d'ensemble. Nous devons étudier divisément les divers éléments qui l'ont engendré.

Les examens de capacité offrent, pour les cinq années comparées entre elles, d'insignifiantes variations : 23 épreuves en 1882, 24 en 1884 et 24 encore en 1886.

Les examens de première année descendent de 301 en 1882 à 224 en 1885 et remontent à 286 l'année dernière, 15 en moins seulement sur le nombre de 1882.

En deuxième année, le maximum est atteint en 1884

avec 231 épreuves, le minimum en 1886 avec 168 examens, nombre qui se rapproche de celui de l'année 1882 (174).

La troisième année nous offre des alternances de hausse et de baisse, avec cette particularité que l'année 1886 donne presque le même résultat que l'année 1884 (196 contre 199) et que les années 1882 et 1885 sont entre elles à une unité près (223 contre 224).

En résumé (1), la première année, après une baisse sensible en 1885, se relève vivement en 1886 : la deuxième, après une hausse marquée en 1884, redescend en 1886 ; la troisième année présente des variations dont l'amplitude est presque constante.

Si maintenant, pour contrôler les données déjà acquises quant à la régularité des études, nous recherchons quelle proportion existe entre les nombres des élèves ayant subi leurs examens et ceux des élèves *en cours d'études*, nous constatons que cette proportion varie :

Pour les capacitaires.   .   .   .   du $1/_5$ au $1/_4$
En 1re année.   .   .   .   .   .   .   du $1/_3$ aux $2/_5$
En 2e année.   .   .   .   .   .   .   des $2/_3$ aux $3/_4$
En 3e année.   .   .   .   .   .   .   des $3/_4$ aux $9/_{10}$

Ces données se rapprochent beaucoup de celles que fournit la statistique des inscriptions.

Dans les examens de doctorat, les variations sont sans importance. L'année 1886 nous donne, pour le 1er et pour le 2e examen, les mêmes nombres (26 et 16) que l'année 1883.

(1) Relevé des examens par années d'études :

ANNÉES	CAPACITÉ.	1re ANNÉE.	2e ANNÉE.	3e ANNÉE.	4e ANNÉE.	TOTAUX.
1881-82.	23	301	174	223	46	767
1882-83.	18	231	203	204	50	726
1883-84.	24	240	231	199	51	755
1884-85.	28	224	219	224	54	749
1885-86.	24	286	168	196	61	735

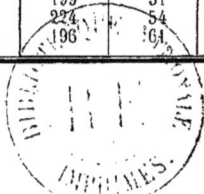

— Les années 1884 et 1885 se rapprochent sensiblement dans leurs résultats (1).

Les thèses de doctorat offrent au contraire des différences sensibles entre les diverses années. Nous en relevons six en 1882 comme en 1886, neuf en 1885 et douze en 1884. — Mais le nombre des thèses n'est pas en harmonie avec celui des examens. Vu le nombre des examens, celui des thèses devrait être plus considérable.

Résumons brièvement les constatations précédentes.

Les *maxima* nous sont donnés : par l'année 1882, pour le total général des examens et pour les épreuves de 1re année ; — par l'année 1883, pour le nombre des élèves en cours d'études et pour les examens de doctorat ; — par l'année 1884, pour le total des inscriptions, les examens de 2e année et les thèses de doctorat ; — par l'année 1885, pour les examens de 3e année et de capacité ; — par l'année 1886 pour les examens de doctorat.

Les *minima* sont fournis : par l'année 1882, pour les thèses de doctorat ; — par l'année 1885, pour les examens de 1re année ; — par l'année 1886, pour les inscriptions, le total des examens, les épreuves de 2e et 3e années, pour les thèses de doctorat.

Ces variations, ces différences indiquent-elles un amoindrissement de la Faculté ? Nous ne le pensons pas. Nous croyons, au contraire, que, par leur répétition, par leur alternance, ces variations mêmes prouvent la vitalité de la

(1) Relevé des examens et thèses de doctorat :

ANNÉES	1er EXAMEN.	2e EXAMEN.	3e EXAMEN.	THÈSE.	TOTAUX.
1881-82. . .	21	19	»	6	46
1882-83. . .	26	16	»	8	50
1883-84. . .	18	18	3	12	51
1884-85. . .	18	13	14	9	54
1885-86. . .	26	16	13	6	61

Faculté. Une baisse se heurte, dans la même année scolaire, à une hausse qui en corrige la portée. Ainsi, par exemple, les inscriptions diminuent de 98 de 1884 à 1886, mais les examens de première année se sont accrus de 46.

Ces variations sont dues à des causes diverses, multiples, souvent inconnues, sur lesquelles nous n'avons par conséquent aucun moyen d'action. En outre, le nombre des étudiants de 1re année, l'année de recrutement pour la Faculté, ne change pas sensiblement depuis 1883, et, symptôme plus satisfaisant encore, les nombres des inscriptions et des examens de doctorat se reproduisent presque périodiquement.

Une démonstration convaincante de l'énergie vitale de la Faculté de Toulouse ressort de la comparaison des deux dernières années 1885 et 1886 avec celle qui précéda l'ouverture de la Faculté de Montpellier, l'année 1880. Après six ans d'existence, l'influence attractive de la nouvelle Faculté a dû produire son plein effet et nos pertes peuvent être considérées comme définies.

En 1880, le nombre des élèves ayant accompli des actes scolaires (inscriptions ou examens) est de 576 ; il est de 542 en 1885 et de 515 en 1886 ; 34 ou 61 élèves en moins. Une diminution correspondante se produit quant aux inscriptions. En 1880, 1693 inscriptions ; 1593 et 1536 sont les nombres des deux dernières années : diminution 100 ou 157 inscriptions. Quant aux examens, n'oublions pas qu'en 1880 le nouveau régime n'était pas inauguré ; mais il est facile de faire les calculs nécessaires pour pouvoir comparer des quantités de même nature. En 1880, il a été subi 13 examens de capacité contre 24 en 1886 ; — 125 examens de première année contre 145 ; — 100 de deuxième année contre 87 ; — 109 de troisième année contre 103. La diminution est insensible ; il y a même augmentation pour la première année et pour l'année de capacité.

Ainsi, malgré l'erreur commise par les pouvoirs publics

en créant des Facultés de Droit à Bordeaux et à Montpellier, la Faculté de Toulouse conserve encore de 750 à 800 élèves *en cours d'études*, dont 500 à 540 par an accomplissent des actes de scolarité. — Donc, au point de vue de l'importance de notre Faculté de Droit, de l'intensité de sa population scolaire, nous pouvons être rassurés. Toulouse se maintient à un niveau à peu près constant. Elle exerce toujours la même attraction sur la jeunesse des départements qui l'entourent.

Mais l'étude statistique à laquelle nous venons de procéder nous a fait constater un mal, hélas ! trop connu : l'irrégularité de la plupart de nos étudiants, irrégularité qui s'élève aux $3/4$ pour les capacitaires, aux $3/5$ pour les élèves de première année, aux $2/5$ en deuxième année et au $1/4$ environ pour la troisième année.

Quelles peuvent être les causes de cette irrégularité ? Quels en seraient les remèdes ?

Les causes d'abord. — Pour les capacitaires, le défaut de résidence. Presque tous sont des clercs de notaire, d'avoué ou d'huissier, peu favorisés par la fortune, ayant la double obligation de faire leur stage et de gagner quelques émoluments. Impossible de les obliger à résider : ce serait entraver leur carrière. Mais quand on ne réside pas, quand on ne suit pas les cours, on ne sait pas s'astreindre à un travail régulier et on n'est pas prêt à subir l'examen de juillet ou de novembre. On oublie aussi de venir prendre inscription en temps utile.

Quant aux élèves de première année, la même cause existe à l'égard de quelques-uns. « Laissez-nous les garder près de nous, » disent les pères de famille. — « Mon fils est trop jeune ; sa santé délicate, fatiguée par les travaux du collège, réclame des soins éclairés. — Je crains pour lui les dangers et les séductions d'une grande ville. » — Refusons-nous l'autorisation sollicitée ? nous n'y gagnons rien : le père emmène son fils tout de même. — Mais la cause

la plus énergique de l'irrégularité des étudiants de première
année a été souvent signalée dans de précédents rapports.
Nous disions, en 1885, au Conseil académique : « La cause
» se trouve dans la trop grande jeunesse de nos étudiants.
» Leur intelligence, souvent surmenée par une préparation
» hâtive au baccalauréat, n'a ni la vigueur ni la maturité
» nécessaires pour comprendre et s'assimiler les principes
» du Droit. Les mieux doués arrivent tant bien que mal à
» franchir la barrière qui sépare la première de la deuxième
» année. Le plus grand nombre, rebuté par la difficulté
» d'études exigeant raisonnement et réflexion, se décourage,
» s'arrête et ne reprend la marche interrompue qu'après
» l'expiration d'un plus ou moins long repos. Au mois
» d'août 1885, 100 élèves de première année se trouvent
» dans cette regrettable situation. Vétérans provenant de
» l'année précédente, ils auront, s'ils passent leur exa-
» men en juillet 1886, employé trois années astronomiques
» à faire une année d'études. La précipitation première ne
» leur aura procuré aucun gain au point de vue du temps.
» Il eût mieux valu pour eux faire avec plus de lenteur
» leurs études classiques ; nous n'aurions pas à regretter
» la pauvreté de leur culture littéraire, et leurs esprits,
» mieux nourris, seraient en mesure de rendre de plus
» efficaces services à eux-mêmes et à leur pays. »

Pour les élèves de deuxième et de troisième année, les
causes d'irrégularité sont, pour ceux qui sont employés
dans des administrations publiques, le défaut de résidence,
la légèreté, la dissipation, et quelquefois la maladie pour
les autres.

Quels remèdes apporter à cette situation ? Refuser les
dispenses d'assiduité est impossible ; les réduire au strict
minimum est tout ce qu'on peut tenter. Hors de là, nul
correctif en notre pouvoir. Nous ne connaissons aucun
moyen d'astreindre un élève à prendre régulièrement ses
inscriptions ou à se présenter à l'examen en temps voulu.

Lui fera-t-on perdre les inscriptions déjà prises ? l'empêche-
ra-t-on d'en acquérir de nouvelles ? Mais le remède sera pire
que le mal. C'est le père de famille qui sera frappé, obligé
de fournir à de nouveaux frais d'entretien hors du toit do-
mestique ; c'est le fils paresseux qui se réjouira à la per-
spective de rester une ou deux années de plus au sein des
plaisirs.

A l'égard des étudiants de première année, un correctif
puissant consisterait à retarder l'époque de leur arrivée à
la Faculté, en reculant la limite d'âge minimum fixée pour
le baccalauréat ès lettres. Les jeunes gens nous arriveraient
plus mûrs et ne mettraient pas trois années ordinaires à
faire une année d'études.

Mais le remède, à l'égard des étudiants de toute catégorie,
nous l'aurons, et nous l'aurons efficace, si le ministre de la
guerre et les Chambres veulent nous l'octroyer, en adoptant
le vœu que vous avez préparé en août dernier et que vient
d'adopter le Conseil académique de Toulouse. Quand, sous
peine de faire trois années effectives de service militaire en
temps de paix, les jeunes gens seront astreints à présenter
chaque année à l'autorité militaire un certificat d'assiduité,
les études se feront régulièrement, et sur les bancs de nos
amphithéâtres viendront s'asseoir tous ou presque tous les
élèves inscrits à nos cours. Ainsi la discipline militaire ap-
portera un utile secours à la discipline scolaire et, même
loin du régiment, imprimera dans ces jeunes âmes le res-
pect de leurs devoirs envers elles-mêmes, leurs familles et la
Patrie.

Année scolaire 1886-1887.

Elèves immatriculés au 30 novembre 1886 : 833.

Ce nombre se répartit ainsi :

ORDRE DES COURS.	ÉTUDIANTS		TOTAL.
	VÉTÉRANS.	NOUVEAUX.	
Capacité..	90	53	143
Baccalauréat.{ 1er Examen..	158	148	306
2e Examen.. . . .	61	101	162
Licence..	30	60	90
Doctorat. . .{ 1er Examen.. . . .	50	34	84
2e Examen.. . . .	19	»	19
3e Examen.. . . .	29	»	29
TOTAL des étudiants vétérans.. . .	437		
TOTAL des étudiants ayant pris des inscriptions en novembre..		396	
TOTAL général des étudiants inscrits au 30 novembre 1886.			833

TOULOUSE. — IMP. A. CHAUVIN ET FILS, RUE DES SALENQUES, 28.

www.ingramcontent.com/pod-product-compliance
Lightning Source LLC
Chambersburg PA
CBHW050413210326
41520CB00020B/6583